1840

Alletz, Edouard

Signes de l'esprit nouveau dans le Parlement

SIGNES

DE'

L'ESPRIT NOUVEAU

DANS LE PARLEMENT.

SIGNES

DE

L'ESPRIT NOUVEAU

DANS LE PARLEMENT[1].

Ce qu'on appelle l'*esprit d'une époque* n'est qu'une certaine harmonie entre les lois, les coutumes et l'opinion. *Etre de son temps*, c'est apercevoir cet ensemble et y conformer son jugement et sa conduite. Mais après les révolutions qui changent les lois à leur source, cette chaîne se rompt ; la politique courante est détournée de son lit ; les mœurs contredisent les lois, et la nouvelle constitution d'État a un sens caché, comme un oracle dont peu d'initiés ont le secret. Alors tout un

[1] Cet article a été inséré dans le numéro du 9 mai d'un journal quotidien.

peuple ne se retrouve qu'à peine dans ses propres institutions : on dirait un essaim de colons sur un rivage habité avant d'être connu. Le malheur est que, dans un tel pays, les hommes qui manient les affaires sont d'un âge trop mûr pour changer de maximes : aussi une nation placée en de pareilles conjonctures éprouvera-t-elle un funeste malaise jusqu'à ce que la chose publique tombe aux mains des hommes qui, lors de la dernière révolution, étaient assez jeunes pour n'avoir rien eu à oublier. Du reste, il est certains politiques qui ont le tort d'aimer assez le passé pour être plus vieux que leur âge. Ils s'entêteront pour des choses mortes qui leur paraissent subsister encore parce qu'elles leur plaisent. Une tradition de famille, une étude favorite ou glorieuse, une pente d'esprit ou de passion suffisent pour donner à leurs souvenirs la fraîcheur et l'énergie de la réalité. Qu'on mette le pouvoir entre leurs mains, ils copieront une politique qu'ils admirent, joueront le personnage d'un grand homme qui n'est plus, et exhumeront, pour les vivants, des lois qu'avaient emportées les morts.

C'est ce que nous voyons en France, où les

idées *impérialistes* dérobent à certaines intelligences la fuite du temps. Personne ne respecte plus que moi ces nobles débris de l'Empire qui, restes illustres de cent victoires, ont le droit de dire :

« ...... *Quorum pars magna fui.* »

Pour ceux-là, l'ivresse du souvenir est l'état naturel : ils ont bu la gloire. J'honore aussi les administrateurs distingués qui ont servi dans un temps où l'activité des fonctionnaires avait pour image et exemple le vol de l'aigle. Rien de plus légitime que leur enthousiasme pour une époque où ils ont rendu à leur pays de si importants services. Mais on ne saurait trop déplorer l'aveuglement de ces napoléoniens de fraîche date, qui tout désintéressés dans la gloire de l'Empire, veulent rendre la vie à ce qui n'est plus que de l'histoire, et toujours hors d'eux-mêmes, comme au son du clairon, s'essaient ridiculement à franchir à reculons l'intervalle des événements et des années. Ah! lorsqu'ils voient le manteau de la France, neuf d'un côté, vieux de l'autre, ici des institutions nouvelles, là une administration et des habitudes d'une autre époque, s'ils avaient le sens de l'avenir, ils souffleraient l'harmonie entre nos libertés constitution- nelles et tous les ressorts du gouvernement; mais ils manquent de ce que j'appelle l'*esprit nouveau*.

Appliquons-nous à chercher et à marquer les signes auxquels cet esprit se fera reconnaître.

La seule ressemblance qu'il y ait entre les institutions actuelles et celles de l'Empire, c'est qu'elles ont eu également pour point de départ une révolution, et pour fondement l'élection libre; mais la monarchie n'est plus absolue; l'administration, inhabile à garder son ancienne centralisation, cède une juste part d'action aux libertés communales et départementales; les lois sont aujourd'hui l'ouvrage des trois grands pouvoirs de l'État, et le fruit d'une discussion libre et publique; l'autorité exécutive est sou- mise à toutes les règles que lui impose le gou- vernement constitutionnel; il ne s'agit plus de reconstituer une noblesse privilégiée, ni de développer l'esprit militaire; l'égalité est en honneur, mais assise à côté de la liberté. La presse et la censure ne se connaissent plus; la liberté de l'enseignement est écrite dans la

Charte; les rapports commerciaux de la France avec les autres peuples précipitent le système prohibitif; et à mesure que le commerce maritime s'étend, le prix des colonies se fait mieux sentir. C'est sur mer que la grandeur éclate, et qu'à l'avenir les conflits se videront. Le système exclusif des armées de terre, au préjudice de la marine, est donc usé. La découverte de la vapeur a changé toutes les anciennes combinaisons. Dans la France libre et constitutionnelle, devenue industrielle et commerçante, on rêverait en vain un peuple conquérant comme sous Louis XIV et sous Napoléon, propagandiste et révolutionnaire comme sous la Convention. La France veut jouir de la paix, de la fortune et du bonheur, après s'être rassasiée de révolutions, de guerres et de conquêtes. Son but est de travailler à se rendre de plus en plus digne de la liberté, et de civiliser les portions encore barbares et arriérées du monde, par le commerce, la science et le christianisme. Ses mœurs prendront le caractère que leur imp(i)meront une sage liberté, l'intervention du pays dans les affaires, les arts de la paix et l'habitude du travail. En général, les mœurs des peuples libres ont quelque chose de grave et de religieux; les liens de famille y sont plus resserrés que dans les monarchies absolues : tout fait espérer que nos institutions auront cet empire sur nos mœurs.

Je viens de signaler la prochaine et inévitable décadence, parmi nous, des idées *napoléoniennes*. Les idées *révolutionnaires* y tombent heureusement d'une même ruine. Ces dernières, à vrai dire, ne sont que des passions. C'est une haine des institutions qui régissent la France, un goût effréné de changement, un mélange d'envie et d'orgueil, un rêve de perfectibilité pour les uns, de plaisir dans la destruction pour les autres. Mais la portion du pays la plus éclairée, la plus puissante, la plus capable d'opérer une révolution, celle qui en a déjà fait deux, est décidée et intéressée à n'en pas faire une nouvelle. Parvenue à l'objet de ses légitimes désirs, établie dans la jouissance de ses droits, elle ne se laissera pas chasser violemment des avantages qu'elle a conquis. Durant un nombre incalculable d'années, toute révolution est donc impossible.

L'esprit révolutionnaire ne consiste pas toujours à rêver de nouveaux bouleversements, mais se renfermant dans les limites de la Constitution, et se plaignant de ce que les droits politiques n'y sont pas suffisamment étendus ni répartis, il pousse au mouvement perpétuel dans la législation : or, ce qui me paraît caractériser le mieux *l'esprit politique de l'avenir*, est un sincère désir que le plus grand nombre possible de citoyens soient admis à exercer des droits politiques, mais en même temps la ferme persuasion que nul n'est fondé à réclamer un droit, s'il n'offre une garantie de son aptitude à l'exercer. Les hommes animés de cet esprit hâteront et faciliteront l'éducation politique de la France, soit pour initier à la puissance ceux qui en sont déshérités, ou pour achever d'éclairer ceux qui la possèdent. Où cette éducation se fera-t-elle? Dans les conseils de la commune et du département. C'est là que la gestion des intérêts locaux formera les hommes à exercer, pour le bien général, des droits plus importants; là que se fera l'apprentissage de la vraie liberté; là que nos mœurs encore si éloignées d'être en accord avec nos institutions, s'élèveront assez haut pour être celles d'un peuple libre.

L'un des signes de ce que j'ai appelé *l'esprit nouveau* est donc une propension raisonnée vers les libertés communales et départementales, et une disposition à étendre, très graduellement, jusqu'à une limite indiquée par la sagesse, ces libertés dont l'exercice forme ou entretient dans les cœurs le respect du droit, la dignité qui sied au citoyen et le vrai patriotisme.

En étudiant les éléments qui ont concouru à l'établissement des libertés de l'Angleterre et à la formation des mœurs politiques de ce pays, on voit quelle immense part il faut attribuer parmi ces éléments à l'admirable institution du *jury*. Ce n'est pas seulement au jury criminel que je fais allusion, mais à cet autre jury que nous n'avons jamais possédé, dont nous ignorons presque l'existence, et dont tous les Anglais proclament l'excellence en déclarant lui devoir le sentiment et l'intelligence de la liberté. Ce jury est le *jury civil*. Les hommes de l'avenir, en France, étudieront la nature, les principes, le mécanisme, les effets de cette belle institution, et méditeront profondément sur les moyens de l'approprier au caractère national et à notre organisation judiciaire.

J'ai fait entrevoir qu'un des caractères des tendances révolutionnaires est l'esprit critique et sceptique. Attaquer ou nier pour détruire,

telle était l'œuvre de la philosophie du dix-hui-
tième siècle. Aujourd'hui encore, cette déplo-
rable disposition subsiste pour le malheur de
notre pays : de toutes nos maladies la plus dif-
ficile à guérir ! Le grand signe, le signe par excellence des hommes de l'avenir, sera la répu-
diation complète de ce triste héritage de nos
révolutions; ils ne viendront pas s'acharner sur
des ruines pour faire de la poussière. Essen-
tiellement conservateurs et organisateurs, ils
seront marqués au front du sceau de la double
foi, la foi morale et la foi politique. Fortement
imbus de l'esprit du christianisme, ils le feront
pénétrer dans la législation et dans l'examen de
toutes les questions qui intéressent l'enseignement de la jeunesse, le bien-être des classes in-
férieures, l'organisation du travail, la réforme
de notre régime colonial, le châtiment des dé-
lits et l'amendement des prisonniers.

En résumé, les caractères de l'esprit nouveau
seront :

Un respect profond des règles et des principes du gouvernement constitutionnel ;

L'intelligence de la forme sociale et politique
créée en France par la destruction de la noblesse
et des privilèges ;

La connaissance des vraies maximes assorties à cette forme de gouvernement, nouvelle dans le monde, puisqu'elle est le gouvernement mixte sans aristocratie;

La conviction que les idées et les pratiques qui ont fait la grandeur du régime impérial fausseraient et ruineraient nos institutions nouvelles, et que l'attachement à ces principes ou l'emploi de ces moyens constitueraient le plus absurde et le plus dangereux anachronisme;

Une disposition à faire circuler, avec harmonie et égalité, la vie administrative, intellectuelle et religieuse sur tous les points du royaume;

Un grand désir de voir un jury appliqué en France aux matières civiles;

Des convictions favorables à la liberté de l'enseignement et aux moyens de rendre plus religieuse l'éducation de la jeunesse;

Une tendance réfléchie vers l'abolition graduelle du système prohibitif, dans notre régime douanier, et surtout vers la suppression des droits qui pèsent sur les matières premières;

Une étude approfondie des besoins de l'agriculture nationale, et une ferme détermination

de rendre à cette précieuse et féconde indus-
trie la part qui lui est due dans la protection
du gouvernement;

Un sentiment très-vif de l'importance de la
marine, dans l'état actuel des relations mu-
tuelles des peuples, et de la nécessité d'encou-
rager, en tant que pépinière de bons matelots,
notre navigation marchande;

Comme conséquence de ces idées, une opinion énergiquement prononcée en faveur de la
conservation et du développement de notre
possession d'Alger;

Une sympathie vive, délicate, instinctive
avec les nobles et généreuses passions de la nation française, avec son amour de gloire, son
besoin d'influence, son ombrageux point d'honneur, sa sociabilité expansive et toujours agis-
sante; mais en même temps, une grande pen-
sée de la mission réservée à la France, dans le
monde, et un continuel effort pour substituer
à l'esprit rétrograde et inhumain de la gloire
des armes, une ambition plus noble et mieux
assortie à ce siècle, celle de travailler au bonheur des masses, dans notre propre sein, et
d'épancher au dehors la lumière de la civilisa-
tion;

La perception de l'étroite union qui existe aujourd'hui entre les questions politiques et les questions industrielles et commerciales, et une sérieuse connaissance des rapports qui les font toucher les unes aux autres;

Une extrême attention au mouvement du monde et à la pente de l'esprit humain au dix-neuvième siècle, afin d'assigner à la France, dans ce train d'affaires et selon les conduites mêmes de la Providence, la place et l'action qui lui conviennent;

Un zèle assidu vers toutes les questions où se trouvent engagées la moralité publique et la conscience nationale;

Enfin, une vie privée, défiant la calomnie, une gravité de mœurs, qui donne du poids aux paroles, et par dessus tout, la foi chrétienne, ou au moins cette conviction intérieure que les progrès des sociétés humaines ne naîtront que d'un écoulement de plus en plus large du christianisme vers leur législation et dans leurs rapports internationaux.

J'ai dit les signes de cet esprit nouveau qui doit régénérer le parlement, mettre la politique du gouvernement en harmonie avec les meilleures tendances de ce siècle, retirer de la chambre des députés le vieux levain, et faire justice des caractères brouillons, des passions révolutionnaires, des rêves napoléoniens, des égoïsmes industriels et du libertinage voltairien.

Espérons que la génération d'hommes d'affaires qui, âgée en ce moment de vingt-cinq à quarante ans, est destinée à recruter, pendant les quinze prochaines années, les rangs du parlement, sera marquée, en assez grande partie, de cet esprit nouveau; mais n'oublions pas que, pour rajeunir et vivifier le parlement, il suffirait, dans son sein, d'un petit groupe d'intelligences animées du souffle de l'avenir. La chambre actuelle en renferme déjà quelques unes : ce sont les orateurs d'un parlement qui n'est pas encore : la France nouvelle voit avec surprise briller leurs noms, de loin en loin, comme ces étoiles du matin qui, sans dissiper la nuit, tirent plus d'éclat de l'ombre même.

ÉDOUARD ALLETZ.

Imprimerie de H. FOURNIER et Comp., rue Saint-Benoît, 7.

www.ingramcontent.com/pod-product-compliance
Lightning Source LLC
Chambersburg PA
CBHW051501060726
47596CB00007B/2873